ewiges Buch

Peter Oberfrank – Hunziker

nhling ....
all NHL doing ever

Jede Einzigartigkeit ist ewig
all

NHL
ever dreaming

Impressum:

Bibliografische Information der Deutschen Nationalbibliothek: Die Deutsche Nationalbibliothek verzeichnet diese Publikation in der Deutschen Nationalbibliografie; detaillierte bibliografische Daten sind im Internet über www.dnb.de abrufbar.

Herstellung und Verlag:

BoD - Books on Demand, Norderstedt

ISBN 9783750433618

Ganz mit Herzensfreude schreibe ich das ewige Buch "nhling" all NHL doing ever …..

Happy time ever with thinking and doing. Im NHL book steht geschrieben, dass die einzige normale origin Sprache Englisch ist und abgeleitet davon deutsche Sprache und in Buchform (= allgemeine Buchsprache und Buchschrift ist deutsch) ist diese Mixtur aus englisch und deutsch ever welcome und ganz kreativ und fein zum Lernen …. chinesisch, italienisch, französisch, sualeisch sind technische Computersprachen und schön auch die Techniksprache und Architektursprache und wichtig war auch die Codesprache relating only to me Peter Oberfrank – Hunziker and nature (von 1. 8. 2008 bis 10. November 2019 um 23 Uhr und ganz wichtig war die Codesprache für alles und Natur am 1. 8. 2008 und die Natur feiert jährlich am 1. 8. das „Naturfestival" mit wunderschönen Erinnerungen für mich mit beispielsweise Steinenshow in der Luft und Lichtfarbenshow und Windfarbenspielluft und Donner und Grasglitzerfest in allen

Farben …. und Naturarbeit und nature caring ever) und gemäß NHL book und Oscar Gewinnversprechen für „schönes und gutes Englisch und Deutsch" soll ich Peter Oberfrank ein Mixtur Buch aus englischer Sprache und deutscher Sprache schreiben und zwar in ausgewogener Form und mit Buchsprache und schreiben in schöner deutscher Sprache allgemein und englischen Teilen ganz wichtig …. mit Erstdatierung dieses Buches wohldurchdacht am 4. Jänner 2020.

Happy NHL icehockeytime and nature time ever with all sports doing and all nature enjoying.

Großes Naturgenießen ewig und sein.

Peter Oberfrank, geboren am 27. November 1971 in Rapperswil Zürich in Schweiz Australien, und verheiratet mit Michelle Hunziker, geboren am 24. Dezember 1971 in Rapperswil (Schweiz), und der Heiratstag ist am 8. 8. 1992. Ehename ist Peter Oberfrank – Hunziker und viele Kinder in der Familie. Am 8. 8. 2008 wieder schönes Feiern und herzlich Familienfeiertagi ♥ und ewig. Viel Spaß in der Familie. Lachi Fest und in Natur sein und …. wunderschönes Goldglas sehen und lachen …. Glitzerlandschaft und Natur schauen ….

Ich flog mit Herzensfreude und gerne ins Weltall und bin gerne im Weltall. Das Raumschiff ist mit einem perfekten ausbalancierten Magnetismus kreiert mit schöner und guter Hebekraft und Heberuhe sowie Stabilität. Das Weltall ist natürlich und wunderschön mit vielen ewig bunten Farben, Duft und schönen Licht sowie auch Wind. Wunderschöne Naturpflanzen und alles in schöner Harmonie. Als so selbst bezeichneter und ausgezeichneter Kosmonit (von Harvard University und New York Rangers) sah ich mit Space Girl Elke Valentinitsch bei der Weltraumreise und am Mond ewig wunderschönes Licht mit Z …. E. T. Forscher

Ich mag Sport (viel Training und auch Konditionsgymnastik), die Natur (Wiese beobachten, Zürichsee kreieren, Gras pflegen und bewundern, Bäume gießen,

Wasser genau analysieren, schönes Eis machen, gute Lebensmittel und schönes Trinkwasser, wunderbare Blumen, Wolken schauen, Sonne schauen, Nebel analysieren, Regen, Hagel, Schnee, Eis, Wind, Sonnenlicht, Regenbogen ….) und Technik sowie natürlich sein sehr gerne und mit ganz großer Herzensfreude spiele ich Eishockey …….. wie Eishockey bei New York Rangers als NHL Eishockeyspieler und Stanley Cup Champion and Winner mit der Eishockeymannschaft New York Rangers als ewiger NHL Spieler und Sportler und Naturarbeiter und einziger Techniker und als NHL player (und auch N player) erhielt ich Peter Oberfrank ganz freudig am 1. 12. 1971 in Rapperswil/Jona meinen 1. und ewigen NHL Gold Stanley Cup created by me with Nature with titeling "NHL 1st ever real Stanley Cup Trophy for ever player Peter Oberfrank - Hunziker with team New York Rangers   and all NHL   as kid NHL icehockeyplayer   and one and only ever NHL Player   and NHLer" und auch 1. und ewige „NHL first ever real Presidents Trophy mit Bezeichnung Peter Oberfrank

NHL player and all NHL Teams celebrating ewigi" with Gold New York Rangers pin titeling Stanley cup Champion 1971 with Gold glittering from Washington (one with my birth name Peter Oberfrank and one with my birth name and wedding Name Peter Oberfrank - Hunziker) and small Washingtoni and Pittsburgh Trophy and 3 Stanley Cups increasing titeling "NHL Peter Oberfrank - Hunziker" and "NHL ever Peter Oberfrank - Hunziker" and NHL with my first art Name given by the nature for me Peter Oberfrank - Hunziker with the one and only ever art Name and same name with proud "Wayne Gretzky" (which means first and ever and only professional NHL icehockeyplayer with lot of doing …. in the same time also other art names like Yvgeni Malkin, Peter NHL, nhling, nature … all belonging same and good and important and historical) and 3 NHL Gold medals (= medali) and first and beautiful glancerous NHL team New York Rangers pin and nature presents (=Naturgeschenke) like New York Rangers Kappe in Goldfarbe und Winterkappen und Trainingsanzüge und schönen

Erinnerungsurkunden und Gewinner des goldenen NHL Ringes ….. all NHL winning ….. im historischen Jahr 1994 dann winner of the silver and dark historical New York Rangers pin titeling years 1926, 1930, 1940 and 1994 und des NHL New York Rangers pin in silver and black with the years Angaben 1928, 1994 und des wunderschönen silber lametierten schwarz lackierten NHL Stanley Cup Champions Pin New York Rangers mit Jahresangaben 1928, 1933, 1940, 1994 für ein tolles Team Aborigines New York Rangers und tollem Begleitteam und genauen Trainern und super Schiedsrichtern und begeisterungsfähigen und feinen Fans auf der ganzen Welt …. verbindend (gutes und schönes Eishockeyspielen mit Lachen und herzlichem Sein). NHL Stanley Cup winner ever am glorreichen 2. Jänner 2018 mit Eishockeymannschaft New York Rangers und Washingtoni Gewinner (for all NHL) und wieder schön gefeiert am 12. September 2019 und am 18. Dezember 2019 in der Natur und ewig wieder feiern und dies wunderbar, Gewinner des NHL

New York Rangers ever Stanley Cup pin, All star NHL winner mit Team New York Rangers am 2. Jänner 2018 im New York Yankees icestadium and ever celebrating. ALL over and ever with happy and all NHL.

Gewinner der wichtigen Kany (Los Angeles Kings) und light gold Schale (Chicago Blackhawks) und Kelchi mit dem best ever NHL Team Nashville Predators gemeinsam mit New York Rangers und St. Louis Blues und Ottawa Senators, Gewinner der enligthning Trophy Vase für ever Stanley Cup Winner (year 2014) with celebrating mit Team St. Louis Blues gemeinsam mit Anaheim Ducks und Dallas Stars und New Jersey Devils und Detroit Red Wings und New York Rangers.

Gewinner der NHL playing trophies with ever in heart und playing good and hearty and NHLi, Gewinner der Kani (orange bottle with heart) mit New York Rangers gemeinsam mit Montreal Canadiens, Gewinner and Winner and NHL winner des NHL ring.

Gewinner des NHL Karussell Stanley Cups

Peter Oberfrank – Hunziker Swissboy nhler and nhli in Zürich Rapperswil.

Schöner Gewinner in Zürich Swiss der NHL Rosen Stanley Cup Trophy ever ….

and Winning der Happy Clown NHL Stanley Cup Trophy am Lago di Garda und Lomo See in Italien und der Baum Trophies in New York und Winnipeg und Rom celebrating ….

Gewinner des NHL Toronto Maple Leafs Pokals Stars Stanley Cup with naming Peter Oberfrank 24 New York Rangers ever …. good celebrating ….

Winner of the Montreal Canadiens ever red blue White Gold Stanley Cup Trophy named Peter blue ever with nature celebrating ever …. (my hearty ever retired number by Montreal Canadiens is number 81 with titeling Peter blue ever …. my art Name for good icehockeyplaying and nature doing in Montreal and all NHL ….).

Gewinner der Falk Trophy und der Rose Trophy (for good tactical playing and icehockeyplaying and first "NHL Stanley Cup win for Peter Oberfrank - Hunziker in

icehockeyorigincountries America nd
Canada in New York titled winter
wonderland on 17 January 1973 for lot of
training in Swiss and Australia" und der
"NHL staring trophy von der NHL" und 4
NHL goldenen Medailen (= ever medali
NHL being) und 2 Stanley Cups für NHL
und AHL, und des Kid Stanley NHL Cups
Peter Oberfrank und des Child NHL
Stanley Cups Peter Oberfrank - Hunziker
und des NHL Ringes in blue und des NHL
Weihnachtsbaum in Silber und des NHL
Christmastree in bunten Farben.

Gewinner des Stanley Cup und der
Presidents Trophy mit allen NHL
Mannschaften.

Real and good founder of all NHL Teams
with good preparing, Training, Sporting
and doing …. doing all Leistungstest (in
English so called power Tests) with happy
laughing and being.

Gewinner der NHL presentele Stanley Cup
Trophy with grinsele und der
Weihnachtsbaum NHL Stanley Cup Trophy
with dreamele and seinele und der NHL
Weihnachtskarten Stanley Cup Trophy und

der wichtigen NHL Gras, Steine und Blumen Stanley Cup Trophies .... Stanley Cup Trophy is ever good Sport and good nature doing ever.

Im geschichtsträchtigen Jahr 1997 XXL Stanley Cup Winner mit den Washington Capitals gemeinsam mit St. Louis Blues und New York Rangers, Stanley Cup Winchi Winner mit Detroid Red Wings und Tampa Bay Lightning am 4. Mai 1997 mit Feiern und sofalen und Natur feiern .....

Presidents Trophy Winner mit den New York Rangers for first and ever 10 Stanley Cup Titles.

Real first founder of NHL (National Hockey League) and ever im Madison Square Garden Stadium in New York in Amerika (USA).

Gewinner der green Stanley Cup Trophy real NHL and der green Park Trophy und der NHL New York Rangers Stanley Cup Central Park Trophy ....

Stanley Cup Sieger mit CSKA Moskau gemeinsam mit New York Rangers im Jahr 1984, Gewinner des Nashville Predators

NHL Stanley Cups with ever hearty,
Gewinner des NHL Mr. Enthering Stanley
Cups und des Mr. Entheringi Stanley Cups
for happy ever all done with detail thinking
and doing und der NHL red rose Trophy
und der green rose trophy, NHL Stanley
Cup Sieger mit Chicago Blackhawks im
Jahr 1987, Stanley Cup Sieger mit den St.
Louis Blues, Stanley Cup Sieger und
Presidents Trophy Winner mit den Boston
Bruins im Jahr 1995, Stanley Cup Sieger
mit Los Angeles Kings im Jahr 2014,
Eishockey Stanley Cup Champion und
Presidents Trophy Winner mit den
Montreal Canadiens in Montreal und
wieder feiernd in Zürich am 24. Mai 2007
mit nhl Stanley cup und nhl tampi trophy,
Gewinner des NHL cinyi Stanley Cups
New York Rangers team am 4. Mai 1997 in
Colgo City im great Ji Stadium (1.000.000
spectaors), great winner der NHL sharky
Trophy Linz am 4. Mai 2017 in Linz alpy
City mit San Jose Sharks Team, Gewinner
der NHL San Jose glittering Trophy am 4.
August 2017 all over the world, Gewinner
der NHL New York Rangers Trophy in
Alpi City Seefeld, Gewinner der NHL ever

New York Rangers Trophy in alpine City
Garmischi, Gewinner ewigi of NHL
Stanley Cup Trophy Nashville Predators
nhling, Gewinner der NHL glory Trophy in
City cushi am 4. April 2018 with Team
New York Rangers ever good celebrating
with laughing and skying and loving Sport
and nature ever, NHL Presidents Trophy
winner und Stanley Cup winner mit dem
Eishockeyteam Florida Panthers und
Feiern ewig auf der grünen Graswiese,
Russischer Eishockeymeister mit
Eishockeyverein Lokomotiv Moskau,
Floorball Champion mit Lokomotivi
Moskau am 26. Dezember 1992, als
schönes Eishockeytraining bunte
Gartenarbeit für die New York Rangers,
NHL helping Seasons bei Buffalo Sabres
und Edmonton Oilers, Stanley Cup Winner
im Jahr 1988 mit den New York Islanders,
auch im Jugendbereich im Jahr 1988
Olympiasieger im Eishockey mit Team
Canada, Eishockeyweltmeister mit Team
Österreich in Moskau …., Olympiasieger
im Eishockey und Floorball mit Team
Großbritannien, NHL Floorball Champion
winner with New York Rangers Team titled

"Zorom" and Stanley Cup Trophy winning
.... Weltmeister im Eishockey mit
Eishockeymannschaft Italien, Eishockey
beim SC Riessersee-Eishockey Garmisch-
Partenkirchen, im Jahr 1985 Youth NHL
Champion mit den New York Rangers,
Österreichischer Staatsmeister im Jahr
1984 und Österreichischer
Eishockeymeister ewig mit dem Gösser
Eishockeyverein Innsbruck (also satellite
Team of NHL San Jose Sharks mit Mixtur
aus kanadischen und amerikanischen
Eishockey und germanischen Eishockey),
Österreichischer Eishockeymeister und
Rekordmeister mit KAC, Schweizer
Eishockeystaatsmeister ever mit den ZSC
Lions Zürich, Champions Hockey League
Gewinner ewig mit der VEU Feldkirch
(Satellite Team of NHL San Jose Sharks),
deutscher und Germany Meister mit dem
Eishockeyverein Kölner Haie, deutscher
Staatsmeister mit Eishockeyverein
Düsseldorfer EG, deutscher
Eishockeystaatsmeister mit Eisbären
Berlin, im Fußball Österreichischer
Fußballmeister mit FAK Austria Wien,
Fußball - Schweizer Fußballmeister mit

dem Fußballklub Sankt Gallen, Mitropacupsieger mit Rapid Wien und im jungen Bereich U 12 Fußball Österreichischer Meister mit Fußballverein Union MK Innsbruck im Jahr 1982, 5 malig stanley Cup winning with sharky Team alp city Innsbruck, Österreichischer Fußballmeister mit Rapid Wien, Italienischer Fußballmeister mit AS Roma im Jahr 1984, Eishockeyweltmeister und Fußballweltmeister mit Team Australia, Leichtathletik, Natursport, Floorball (bei IFK Göteborg - Schweden - als schwedischer Meister, bei Hot Shots Innsbruck / United Floorball Tirol - Österreichischer Staatsmeister und NHL titeling im Jahr 2016, Sport Europameister mit Team Großbritanien und Olympiasieger im Floorball in Mexiko, Schi fahren, Tennis, Volleyball, Konditionsgymnastik mit Musik und Yoga ………. als Trainer schweizerische Fußballmeisterin mit Fussball Club Rapperswil - Jona RJ 1928 in der Schweiz, als Fußballspieler Österreichischer Fußballmeister und Pokalsieger mit dem ersten weltweiten Fußballverein FC

Wacker Innsbruck Tirol und gut gefeiert in Innsbruck, Wien, Brasilia, Buenos Aires und in Mexiko, wo ich im Fußball mit Team Argentinien im Estadio Atzteka in Mexiko City mit viel Herzlachen dann Fußballweltmeister und Olympiasieger wurde, in Melbourne, Kapstadt, Mittelafrika, Nordpol Stadt, New York, China und Zürich in der Schweiz .... viel Spaß und Lachen beim Fußballspielen beim Hamburger SV und in München, auch beim FC Rapperswil und beim Fußballteam Brasilien, und Eishockeyfreude beim HC Tiroler Wasserkraft Innsbruck "Die Haie" und EC Sao Paolo in Brasilien und auch spaßiges Eishockey beim EC San Josei .... in Montreal und Toronto glanzvolle Eiskunstlaufolympiasieger Peter und Isabel , XXXL Championsport in Afrika mit Lindsey, Afrikasport Trophy ewig im Herz .... auch Gewinner der einzigen NBA Basketball Trophy "baski" und der NBA Basketball Trophy "basketballteam ewigi" und der einzigen NFL American Football Trophy "flyi" und der einzigen MBA Baseball Trophy "yankeei" .... Gewinner

der NHL Stanley Cup Trophy winning und
der NHL Presidents Cup Trophy winning
ever with heart laughing …. with great
NHL celebrating ceremony in nature ……..
nhli ….

NHLING ever is also a nice rosa NHL
Stanley Cup Trophy with titeling Peter
Oberfrank all NHL clubs ever and Peter
Oberfrank – Hunziker all NHL doing with
technic doing and nature doing ever.

Die NHL trophies in easy gameling starting
ever sind wundervoller glitter with Special
light PMILE on real good NHL Jerseys and
celebrating Museums and remembering
with minding …. starting with today on 20
December 2019 12:24 o'clock …. great
ever unique

NHL icehockey and Sport is great and
wonderful …. in der Natur glücklich sein
und lachen ….

Der blumige NHL Club Rapperswil

Seifenkisterl (klein 10 Stück) und Vespa (klein 2 Stück) als Satelite Verein der Nashville Predators ist mit viel Herzensfreude und smilelen …. auch schöne Garagen für die Seifenkisterlautos und Vespas mit Lachen. Große Freude bei den Weihnachtszauberpartys für Seifenkisterl in blauer Kleidung und für Vespa in weißer Kleidung und für kleine rosa Vespa in ganz bunter Kleidung und auch großer Freude und saying „so a presentele" „und süß" und herzliches viel smilelen …. und schöne Augenblicke …. und viel Schauen und reden ….

Seifenkisterlautos are local based and 2 Vespas were worldtouring …. white Vespa with touring from Rapperswill to Oklahoma and dschungeling to Toronto and then to Chicago on the bachi upper way and then easy touring durch Afrika nach Rapperswil …. partying …. rosa Vespa with touring starting from Land ewigi to Rapperswil and then to Oklahomi through Wüste and then easy chanelling trough riverland with a lot of green gras and rosa gras to Toronto city with beautiful view and then little rivering to down

Chiocago with seeis and waterfalls and greenies and sighting and icehockeyplaying NHL and then to beautiful green Africa and returning to Rapperswil on Zürichsee gliding and easy homing to ewigi … again partying

Good technic is ever and nature enjoying with happy sein ….

NHL is also thinking, planning, doing or non doing, reading, writing, scoring, defending, goalkeeping, cheering, surrounding, happiying, culturing, historing, presenting, futuring, montrealing, nyr dancing, presentations, moderations, TVing, radioing, listening, practicing, doing power tests, making leistungstests, concepting, making, dreaming, being …. and ever celebrating like birthdays

Life is a journey …. on my way a beautiful journey ….

Happy time ever hieß es beim Eishockeyspielen in der Alpencity Innsbruck in Alpi und dies ist auch eine

Glühwürmchencity und auch eine
Eishockeystadt und ein bisschen mit
schöner Modenschau auch mit Montreal
Canadien Flair durch die schöne rosarote
Montreal Canadien Fahne, jedoch mehr
San Jose sharkisch durch das schöne
geradlinige und technisch schnelle und
genaue eishockeyspielen und auch schönes
himmelblaues Licht ….

Schöne Christkindlmarktbesuche und
kleiner Detroit Turm leuchtet zur
Weihnachtszeit in allen Farben in der
Alpenregion Innsbruck in Tirol. Die
Märchengasse ist lachhaft mit
Superzwergen als wishis und fröhliches
weihnachtliches Lachen durch den Haie
Weihnachtsmann mit Geschichten erzählen
über die Weltreisen, wie ein Märchen über
Gorilla in Afrika im Rosengarten und
schönen Tanzen …. und schöne Adlerflüge
am Hafelekar und Eselbesuch auf der
Seegrube und Feiern des 1. Snow Iglu Fest
Seegrube mit super schönem Figl
schifahren und Weihnachtsbaum schauen
…. schönes Lindsey Gespräch mit blau
Glitzer in Augen und Erinnerungen zu
Colorado Weihnachten und eistanzen,

Weihnachtsbaummuseum,
eishockeyspielen, Schnee genießen und
Schneerutschen und Schneehöhlen
bestaunen und enjoyen ....

Kleine Vespas in weiß und rosa sind
einzigartig schön und super Technik und
gutes Fahren ist erforderlich und ewig
schöner Fahrgenuß und schönes Anschauen
der Welt .... good scootering and happying
and garaging and looking and lookelen

Nhling ist auch wie in allen anderen NHL
Eishockeysportstätten und allgemeinen
Sportstätten im ewigi Landi ganz schön
und wunderbar in der Natur und auch in
der Sporthalle und dann wieder Natur
schauen und lachen.

Eine Weihnachtsmannehefrau hatte den
Wunsch nach einer schönen
Weihnachtskirche und einem Eislaufplatz
in front und sozusagen einen Rodelhügel
neben dem Eislaufplatz mit traumig sein
und auch schönem

Weihnachtsbaumschmuck .... dieser
weihnachtliche Wunsch ging in Erfüllung
und dies war viel Arbeit und auch
glückliche Arbeit .... hipiho sagte die
Weihnachtsehefrau zum
Weihnachtsehemann und die
Weihnachtsehefrau ist mit ihrer
Kudelwudelfrisur auch die erste Hipie
Künstlerin und Schauerin und ja ja mit
spaßigem Lachen und fröhlich sein .... ein
märchenhafts Lachen und erinnern an ihr
Engelsschloß in weißem Marmor und
schöner roter Weihnachtskleidung und
auch ganz schöner bunter
Weihnachtsbekleidung mit garmischen
grinseln und frohlocken, und tatsächlich
entstand durch das frohlocken auch eine
schöne Lockenfrisur mit weihnachtlichem
Silberglanz und geschichtelen erzählen von
den Pandabärelenbesuch und den
Igelbesuchelen und klein Vespa fahren und
klein Vesparoute im Schnee fahren mit
osterweihnachtlichen Grinsen und fröhlich
sein .... die weihnachtliche strenge und
lachende Ehefrau sang dann fröhlich „O du
fröhliche ...."

Die Weihhachtszeit ist ewig schön.

Auch das Eishockeyspielen zur Weihnachtszeit und Silvesterzeit ist ein gutes Naturerlebnis.

Bei schönem kalten Winterwetter musste ich den Herrn Kruxeler nhling ever mäßig mit dem Rentierschlitten auf viel Schneebahn nach Hause bringen, weil ihm das Wetter zu kalt war ... oohihi dies sind schöne und fröhliche Weihnachten wieder mit Erinnern an das Weihnachtskindergarten Haus und Weihnachtsbäume mit Schmuck und weihnachtliches Rodeln beim UIMI Fest weltweit.

Große Freude und sportliches Sein spürte ich beim ewig NHL Weihnachtsbaumkugeln bemalen und zeichnen und ganz fröhliches Staunen und ewiges Lachen .... ja ja die NHL ist weihnachtlich happy.

Ein schönes Weihachtslied ist „Freue dich, das Christkind kommt bald ...." und dies kann man schön beim spazieren gehen, eislaufen, Eishockey spielen, Fußball spielen, und beim Weihnachtsbaum schön tüchtlerisch singen.

Auch ein fröhliches „Papa, Papa, Papa, Papa" weihnachtlich rufend ist ein großes Weihnachtsfest und auch schön mit Playmobil Eishockeyspielern und Eishockeyspielerinnen zu spielen ist wunderbar und lustig …. eine ganz feine weihnachtliche Erinnerung in der Alpencity Garmischi und ewigi und dies immer und ewig weiterspielen und sich freuen und lachen.

Ein schönes Weihnachtsfest ist auch ein Glühwürmchenfest zur Weihnachtszeit mit Erinnerung an Alpencity Innsbruck und der schönen Seebrücke und große Ruhe und fröhliches Surren …. und auch ein wunderschönes Klavierkonzert in der garmischi Kirche und fröhliches miteinander sein und auch sich freuen und genießen im großen Schokoladenhaus mit Weihachtsbaum.

Great icehockey and good nature again on 25 th December 2019 here in alpcity Innsbruck with NHL icehockey and Pittsburgh Penguins Jersey number 71 with my also art name Malkin and celebrating ever NHL and christmas and NHL dreaming and ever beautiful glitter on the jersey .... ewiges träumen und machen.

Malkin is also my first art name for NHL ever playing and I Peter Oberfrank - Hunziker have only art names as first and only and ever NHL Player and N Player .... Pittsburgh Penguins is a great icehockey NHL club with only one A captain Malkin (complete art Name in NHL book and nhl booki is Yvgeni Malkin for me Peter Oberfrank - Hunziker). NHL is ever celebrating and Pittsburgh Penguins won 10 times the NHL Stanley Cup and is a ever great NHL club.

Schöne „Wetten dass …" Sendung in Rapsi Orti mit Weihnachtsbaum und einem versprochenen Herzensbrief „Michelle Letter" wie folgt: **Liebe schweizerische Traumfrau Große Liebe Michelle,** gemäß unserem wohldurchdachten gemeinsamen Eheversprechen von der "Wetten dass ..." Fernsehsendung in Rapsi Orti mit dir als wunderschöne Schmetterlingsprinzessin und unsere Kinder Aurora, Anna, Michaela, Leila als Igelprinzessinnen und wir zusammen als Rosenprinzen schicke ich dir als stolze Starkult Lady "Wetten dass" eine nette email mit einem wunderschönen Foto in der Dateianlage (von dir mit herzlichem hihihoho Lachen) gemäß Weihnachtsversprechen wetten dassi .... wunderschöne und tiefe Herzenserinnung mit Musik und Tanzparty und dann spät abends in der Nacht mit lachendem schlafen immer und ewig wieder und gutes träumen und freudiges Aufwachen und etwas gutes und spaßiges Machen (wie Blumen gießen, Strand gehen, Basketball spielen, Eishockey spielen, Baseball spielen, und Natur und Kirche schauen, kleine Weihnachtsbäume gießen und staunen und happy sein und Technik gestalten) .... ein ganz natürliches, easy und tiefherziges Leben und ewig groß im Herzen mit roter Erinnerung und ewiges

Tun mit großem Genießen und
wunderschönen Blumenrosen schauen
gehen und den feinen Duft riechen und den
Sonnenuntergang anschauen. Ja ja ich
denke gerne an dies und dies ist ewig. Ich
weiß, dass traumelen wichtig ist und dies
ist auch schönes genießen und sich
erinnern und wieder schönes tun happy
seini. Auch schöne Kleidung tragen und
Möwen besuchen, Stauden besuchen und
den Sonnenaufgang anschauen und auch
den Vollmond besuchen. Easy lifing
sozusagen und dies ist gut.
Ewig grinselen und weihnachtlicher Große
Liebe dein dich liebender Ehemann Peter
Oberfrank – Hunziker

Auch ein schön gezeichnetes und gemaltes
Michelle Bild mit Titulierung „Fröhliche
Weihnachten" und einem „NHL
Weihnachtsbaumkugeln dekoriertem
Fichtenbaum" ist eine herzlich schöne
Erinnerung beim Malen und zeigen. Die
Porträtsmalkunst ist eine besondere Kunst
und auch Arti genannt mit viel herzlichem
Tun und lachen.

Ewiges Lachen und die Natur und die Technik sind ganz wichtig …. ich Peter Oberfrank – Hunziker bin der einzige technische Arbeiter und auch einzige Harvord University Absolvent, was auch in ganz schöner Schrift im History book, NHL book, nhl booki, Köln Geschichtsbuch, St. Pauls Cathedral Geschichtsbuch steht … dies bedeudet ewig viel Arbeit und dies ist schön und gut so. Auch die wunderschönen glanzvollen vielen Höhlen sind Teil der großen Natur und auch die interessanten und auch wunderschönen Schilfregionen und Staudenregionen.

Auf der Erde habe ich als Naturforscher und Naturtuer arbeitend den Schnee, das Meer, die Seen und die Bäche und Flüsse, und die Wüsten und hohen Berge und alle Kontinente (Asien, Afrika, Amerika, Australien) entdeckt, und hierbei viele nette Leute und origin friends bei den Aborigines, Disa, Africans, Isas getroffen und gut kennengelernt, und auch happy friends bei asiatis, und nette Tiere und sanfte Pflanzen.

Gerne schreibe ich Bücher mit
Erinnerungen wie ein Staudenbuch,
Grasbuch, Waldbuch, Schneebuch,
Windbuch, Regenbuch, Kunstbuch,
Frisurbuch, Cremebuch, Kirchenbuch,
Wetterbuch, Regenbogenbuch, Strandbuch,
Meeresbuch, Seebuch, Bachbuch,
Flussbuch, Tierebuch, Wolkenbuch,
Planetenbuch, Technikbuch,
Werkstattibuch, NHL Sportbuch ….

Ganz besonders ist auch das Babybuch,
Große Liebe Buch, Blumenbuch,
Familiebuch, Elternbuch, Heiratsbuch,
Naturbuch, Wetten dass Buch, Books on
demand Geschichtsbuch mit meiner
Gründung in Norderstedt, NHL shop Buch,
Bookmundo Geschichtsbuch mit meiner
Gründung in Hamburgi, New York Buch,
Schweiz Buch, Australien Buch,
Asienbuch, Amerika Buch, Afrika Buch,
Italien Buch, Urlaubsbuch,
Sternschnuppenbuch, Mondbuch,
Sternbilderbuch, all NHL clubs Buch,
Sportstadienbuch, Gebäudebuch,
Lebensmittelbuch, Theaterbuch,
Musikbuch, Gartenbuch, Legobuch, NHL

ever Buch, Kranelebuch, Schiffelebuch,
Blumenbuchbeginn, Sternenschaubuch,
Lachbuch, Wetten dass Buch,
Schmetterlingbuch, NHL Jersey glittering
in heart Buch, ….....

Bücher dokumentieren schön und
einzigartig und regen zum Nachdenken,
denken, sich erinnern, philosophieren und
schauen an.

Happy christmasing war und ist ein
wunderschöner und einzigartiger Spruch in
der märchenhaften Pittsburgh
Weihnachtsregion mit schönen
Lichtschauspielen.

In Nashville ist schön eine große
Weihnachtsfeier mit playmobilelen bei
einem rosa und weiß glänzendem
Weihnachtsbaum.

In Tampa in Amerika gibt es zur
Weihnachtszeit wunderschöne blau
bilitzige Thunders und Blitze mit
Weihnachtsbäumenmustern und huhuhehe.

Ganz schön und zauberhaft ist
wunderschönes eislaufen von Lady
Montreali Isa in garmischi lichteislaufplatz
und überall auf der Welt und besonders
beim Weihnachtsbaum in Bangladesch
sozusagen happyza und heja und heho ….

Wunderschön und ewig ist die NHL Reise
mit Start in Rapperswil in der Schweiz mit
für mich glücklich machenden
Eishhockeyspielen nhling und Sport
allgemein machend und naturarbeitend.
Wunderschön ist die NHL Reise mit „Life
is a journey" mit eishockeymäßigen sport
doing icehockey with NHL ever being in
Rapperswil (icehockey alone with my first
and ever NHL base icehockey club proud
New York Rangers on ice with great
iceskates, equipment and icehockeystick
named Reebook silver and cool and great
puck and happy laughing and smiling, and
also with ET and moos and gras and stars
and stones and light and monkeys and rehs
and predis and water and muscheln and
general sports doing with floorballing,
handballing, basketballing and footballing
and tennis and skiing – great celebrations

ever and special glittering silver gold NHL
St. Louis Blues and all NHL clubs like ever
great Nashville Predators and ceremonying
finefull and honesting) and then also with
Michelle in Australia and again with Isabel,
Lindsey and Elke.

Am 17. Jänner 1972 highlightning dann in
New York mit glanzvollem
Eishockeyspielen made Peter Oberfrank –
Hunziker NHL playing und glanzvoll
feiernd mit „second real Stanley Cup
Trophy NHL with Name NHL player ever
Peter Oberfrank – Hunziker winning on
17th January 1972 in New York in NHL
gaming New York Rangers scoring 100
against loosing Montreal Canadiens with
scoring 0 and happy winter wonderland
celebrating ever". Great icehockeyplaying
marke Peter Oberfrank – Hunziker in New
York Rangers ever NHL team und ever
gewinnend die „second ever real NHL
Stanley Cup Trophy real naming Peter
Oberfrank as New York Rangers team
captain number 24 and ever NHL". Great
NHL winterwonderland festival in New
York as first and ever NHL town with great

proud and happilying (and first and ever great NHL prouding celebration for me Peter Oberfrank – Hunziker in New York and my personal celebrating ever fine and goodi in Madison Square Garden stadium with rosa glittering and NHL home Broadway street Number 1 with gold small glittering and back running to Central Park New York also naming Peter Oberfrank and Wayne Gretzky and Victor Shalimov and Marc Messier and all my art names ever Park in New York City and a lot of icehockeypractice in MSG trainings center in New York, Australia ice hall, Australia ice halli with flower garden, St. Louis Blues ice stadium, Edmonton icehall, Dallas great icestadium and great NHL stadiums worldwide and happy practicing with good coaching and again good icehockeyplaying …. happy Blumen schauen is also a sport and dreaming ever and doing …. und weiter dann im Madison Square Garden Trainings Center und im blueshirtigen und glanzvollen ever Madison Square Garden the homing of my base NHL club New York Rangers and I like all NHL clubs with a lot of doing and

goodi playing icehockey and doing sport
and doing nature and architecturing,
planning, making and revolvling technic.
and in my NHL house New York City and
again returning to glanzvoll Central Park
New York an then returning to Australia
crossing gras meadows and river in St.
Louis and happy icehockeyplaying NHL
marking Peter hockey worldwide and
nature exploring and enjoying and very
funny and good and a lot of prachtice in
icehockey playing in NHL stadium
Nshville Predators and happy being ba
dancing and chilling and housing.

And then an happy invitation for ever
sports gaming icehockey in Montreal town
nature stadium with 10.000 specators for
4th April 1974 and me Peter Oberfrank –
Hunziker as icehockey Number 24 and
captain of great New York Rangers and
first and ever and only Stanley Cup Winner
with hearty smile and winning against 100
men team of Montreal Canadiens with ever
result 1.000.000 to 0 for winning and
happy being New York Rangers in an long
term game and after my Peter Oberfrank –

Hunziker New York Rangers leading counting 102 icehockey goals after exact 102 minutes icehockeyplaying and no scoring icehockey goals of the Montreal Canadiens they left the ice and I Peter Oberfrank – Hunziker did and do with regarding to NHL book, nhli booki and NHL history book, History book, Oscar book and natural book my icehockeyplaying with strict NHL rules further to this special ever icehockeyplaymatch relating to ever ending time 400 minutes with scoring and defending and goalkeeping and coaching and doing NHL icehockeyplaying with good rates and muliplying factors unique being on this day only and ever good NHL icehockeyplaying with resulting and ranking only by nature and all counting …........ (a lot of icehockeypractice and nature doing for me Peter Oberfrank – Hunziker and only 100 hours insieme for Montreal Canadiens) and again the 1st ever real and 2nd ever real great Stanley Cup Trophies NHL presenting to me Peter Oberfrank – Hunziker and on 4th April 1975 winning the 3rd and ever real Stanley

Cup trophy NHL with ever naming" for me
Peter Oberfrank – Hunziker and New York
Rangers team and all NHL clubs and
naturel" and also „winning 7 ever real
small NHL Stanley Cup Trophies with ever
naming Peter Oberfrank – Hunziker as
NHL player ever" and good presents. In
my NHL speech I was very thanking to
dragons and Igels and nature and prouding
my good icehockeytactic. It is an ever
game and the actual standing on 29. 12.
2019 is for winning New York Rangers
ever with goals numbering 1.005.000 to
zero goals for Montreal Canadiens team
…. it is good and happy being and
naturing. NHL is always and ever thinking
and doing and enjoying. Happy dancing
then on 5th April 1975 (and on 5th April
2000 again celebrating as blue and red
festival) always with fun factory and it is
an nature gaming ever …. „happy
funniying and nature doing and nature
caring ever" said I Peter Oberfrank –
Hunziker as real Montreal Canadiens ewigi
and wonderful doing in Montreal region
…. and Olegi strongly thinking and
writing procedure in NHL book and

signing happiling by nature and ever celebrating. Also great skiing lady Lindsey Vonn as first olympic medal winning skiing lady in slalom discipline was signing and distrubiting her autograph cards and also my NHL autograph cards again from winter wonderland festival in New York as New York Ranger and my personal skiing olympic card relating to downhilling …. and a lot of smiling and flowering and flower dancing and flower shop visiting and taking bread and food and watering and stauning and star looking and housing im hölzernen Haus Montrealcanadi ever and Toronto schön Marmor Schloss mitten in der Natur mit Tieren besuchen und Pflanzen besuchen und Weihnachten in der Natur feiern mit wunderschönem Sternenglitzer und ewigen Glitzer und Ewigkeitsglitzer. Wunderschönes eislaufen und eishockeyspielen, schifahren im Tiefschnee und Naturpisten und Schneehöhlen, eistanzen und Disco partying, Rosen bestaunen und pflücken und in Vase geben und schön Fusball spielen das ganze Jahr über und Adlerflug bestaunen. Dann auch

im Nashville Latex Haus die großen
Wiesen genießen und beim schönen Meer
mit den Wellen und am weiten Strand sein
und Eishockeytraining im Naturstadium
und in der sportlichen Eishalle with 3
originated rinks and one icetable NHLing
machen und auch Sport in den 3 Nashville
Predators Training Hallen machen und mit
Lindsey wieder bei schönem Wetter und
leichten Schneefallwetter dann schifahren
gehen und abends später dann
Weihnachtslieder wie mit Erinnerungen
„Last Christmas" singen und musizieren.
Good night dreaming and joying the day.
Having fun and laughing and grinselen and
smiling.

In Nashville und New York gibt es
wunderschöne große und kleine Steine und
auch schönes Licht und schön grünes Gras
in den Wiesen und auch viel Moos. Die
vielen Farben sind wunderschön.

Nature caring ever by me Peter Oberfrank
and one and only technical doing and
developing and NHL playing and N

playing with all trophies ever celebrating
and thinking and remembering and doing.

Good lucky time ever and a lot living then
in Nashville, St. Louis, Dallas, Ottawa,
New York, Pittsburgh, Philadelphia,
Edmonton, Washington, Buffalo, Toronto,
Montreal, Sioux Land, Winnipeg and so on
…. Las Vegas, Columbus, Carolina,
Moskau, Afrika town, Klagenfurt,
Weißensee, Uimi state, New York Island,
Detroit, New Jersey, Chicago, San Jose,
Los Angeles, Salt Lake City, Tampa Bay,
Minnesota, Arizona, Anaheim, Colorado,
Florida, Calgary, Boston, Vancouver and
all over the world.

Mit elternseitigen Alleinkindsein und mit
Große Liebe Familie ist das Reisen auch
teils mit Oma und Opa ganz schön zu
planen und rücksichtsvoll zu machen und
einfach happy sein und nachdenken und
sich erinnern und wieder zurückkehren und
sich freuen. All NHL towns are great with
happy and laughing and nature sport and
enjoy the nature.

NHL housis worldwide with style and great and fine nature attituned and fun practice and schooling and kindergartening.

Wunderschöne ewige Weihnachtshöhle in Nashville mit Geäudetechnik und Fabriken und all NHL jerseys und Sport machen und wunderschön genießen.

Auch Geschenke bekommen und Geschenke machen ist herzhaft und viel mit Erinnerung und einfach und einzigartig schön.

Then great and ever first NHL starting icehockey in Montreal at beginning year 1976 with me celebrating first real Montreal Canadien and all NHL clubs and essentual developing and documenting …. fun housing in Montreal and one goal scored by me as Montreal Canadien team captain number 17 Peter Hunzi lead to winning first championing NHL great trophies like golden pocal with green button diamant and Montreal Canadiens key ring and NHL Stanley Cup ever with dating on 17th May 1977 and naming all team members of NHL club Montreal Canadiens on the Stanley cup with 400 names and celebrating all NHL clubs with naming in NHL history book and naming on paper in all NHL museums.

Great hockey for icehockey and floorball and all sports ever.

Beginning on 16th October 1977 was starting the one and ever NHL Stanley Cup seasons for years periods and special season periods ….......

Wieder in Edmonton im traditionellem alten Wohnstil feierten wir ein Eishockeytraining mit Weihnachtsbäumen und genauem Taktiktraing und Spieltraining und schönem Sternen und Wiesen schauen und dies ist für Kristiane, Kristiana und Kristiano ganz herzlich wichtig und viele freut dies mit.

Es ist schön genau zu sein steht im NHL

book und wunderschöne genaue und moderne Architektur ist im NHL Edmonton Trainingscenter mit wunderschöner Aussicht auf die Natur mit Titelbezeichnungen „Peter Trainingscenter und auch Olegi Trainingscenter". Ganz beeindruckend ist in Edmonton auch das altarchitektonische und vielschichtige Eisstadion mit Trainingshallen und Schwimmhallen und Sporthallen in ganz großer flexibler Form und auch schöner Aussicht auf das Wetter und schönem Licht mit Titulierungsbezeichnungen „Pezi Sportstadion und auch Alogo Naturarena und Alain Sportpark und Kruxeler Trophycenter und auch Reagan Museum".

Die NHL Saison 1977 und 1978 dominierte die NHL Eishockeymannschaft Edmonton Oilers mit mir als Teamkapitän Peter Gretzky und auch mit art names Wayne Gretzky und Peter Edmonti und ganz feiner Eislauftechnik und schnellem kombinierenden Eishockeyspiel gemeinsam mit Eishockeyspielern aus der Region asiawickland und schönen herzlichen Feiern und viel Reisen und Organisieren und auch Altbaustil und

modernem Baustil wohnen …. mit
speziellen Jahresdatierungen gewannen die
Edmonton Oiler hauptsächlich durch das
schöne geplante systemische
Kombinationsspiel in eleganter Form 4 mal
in Folge die NHL presidents Trophy und
den NHL Stanley Cup gefolgt von ganz
guten NHL Teams der Nashville Predators
(Training und Eishockeyspielen mit Ruud
Gullit) und der Chicago Blackhawks
(Training und Eishockeyspielen mit Sergej
Makarov und Sergeja Butin) und der
Detroit Red Wings (Training und
Eishockeyspielen mit Watscheslav Bykow,
Fetisow, Sergey Krutow) und der Dallas
Stars (Training und Eishockeyspielen mit
Alundo, Carundo und Celanda) und
weiteren guten NHL Teams. Später gewann
daas traditionsreiche NHL Team Edmonton
Oilers noch weitere sechsmal die NHL
presidents Trophy und den NHL Stanley
Cup – also insgesamt dann schon 10 mal
diese großen Sporttrophäen und freudigen
Feiern in der Natur.

Dieses Kombinationsspiel Marke
Edmonton Oilers begeisterte die Welt und
viele Zuschauer waren wieder in den

Eisstadien und das systemische Analysieren und trainingshafte organisieren mit Pünktlichkeit und Trainingsplänen und dokumentieren der Spielumsetzung und Nachbereitung begann und ist ewig. Dies ist schöner Sport wieder und einzigartig und situativ und wichtig ist die Vorbereitung und auch die Konzentration und das Trainerdasein und das Sprechen und Schreiben von Autogrammen und Autogrammkarten bei den Zuschauern, weil die Zuschauer sehen viel im Spiel und spielen gelegentlich oder auch oft gerne Eishockey oder machen selber auch Sport oder genießen einfach die Atmosphäre beim Sport und genießen auch die Natur und das schöne Eis und den Sandstrand. Auch der Fußballsport und die Leichtathletik (mit Disziplinen wie Sprint, Weitsprung, Langstreckenlauf, Hochsprung, Hürdenlaufen, Kugelstoßen, Stabhochsprung, Speerwurf, Marathon, Dreisprung, Hindernislauf, Diskus werfen ....) wurde weltweit bekannt und auch anerkannt.

In Nashville in Amerika gründete ich im

Jahr 1978 dann den Fußballverein „Peter, Diego, Zico Fußballclub mit Bezug zu NHL Eishockeymannschaft New York Rangers and argentinia sein", wobei argentinia sein bedeutet systemischer Aufbau des Fußballspiels vom Tormann, Verteidigung, Mittelfeld, Sturm und kreisförmig zirkulierend und schön spielen und auch Spielplanaufzeichnungen und viel Training machen und große Freude beim Spiel .... dies passt auch zu den NHL Eishockeymannschaften New York Rangers mit kreativ systemischen Spiel und auch Nashville Predators mit striktem und sanften schönen Spiel.

Die NHL Eishockeymannschaft Nashville Predators glänzte mit diesem systemischen Spiel viele Eishockeysaisonen mit speziellen Jahresdatierungen und gewann 12 mal in Folge den NHL Stanley Cup und die NHL Presidents Trophy und wunderschöne einzigartige NHL Medaillen (im NHL book steht auf englisch medali). Glanzvolles Eishockey von mir Peter Oberfrank als Teamkapitän mit NHL art name Rick Nash und mit dem netten

Rufnamen „Nashvilli" (dann auch NHL art
name) und nach den NHL Feiern bekam
ich auch NHL art names wie „Josi" und
„Ricki" und „Hunzi") und einem naturigen
voll motivierten und freudigen Aborigines
Team mit schönen lauten und auch ganz
ruhigen Naturfeiern …. schönes
Eishockeyspielen und eistanzen und auch
NHL reisen mit Peter, Isabel, Michelle,
Lindsey und Elke war auch dabei und auch
Natur genießen und Weltraumforschung
und Meeresforschung und
Blumenforschung und Autoforschung.

Dann entwickelte sich der Fußballsport
weltweit mit großer Spielfreude und ganz
speziell mit einer Mixtur aus
Kombinationsspiel und systemischen Spiel
…. wunderschöne Fußballstadien und auch
Sportmuseen weltweit und überall schöner
Naturrasen. Gerade durch die Sportmuseen
entwickelte sich dann auch der Schisport
weiter mit Disziplinen wie Riesentorlauf,
Super G zu bereits bestehenden
Sportdisziplinen wie Slalom und Abfahrt
und folgend dann auch die
Kombinationsschifahrt …. auch populär

und allgemein bekannt wurde der
Handballsport und der Basketballsport und
Tischtennis und Langlaufschifahren und
Skateboarding und ganz langsam auch das
Radfahren …. und vorerst nur einzeln
bekannt und dann auch mit vielen
Zuaschauern waren und sind die Sportarten
wie Schispringen und Snowboarding und
Figl schifahren und surfen und segeln im
Wasser …. Besonders entwickelte sich der
Floorballsport für alle Altersgruppen und
auch das schöne Natur wandern und gehen.
Der Laufsport entwickelte sich ganz
langsam und auch die Sportgymnastik und
das Schwimmen im Wasser.

Alle Museen sind auch NHL Museen und
Naturmuseen.

Mit viel genauem Dokumentieren und
genauen Trainingsplänen durch Lady
Montreali Isabel und wieder viel Reisen
entwickelte sich der Eishockeysport in
Montreal in Canada und Salt Lake City
prächtig und mit vielen Leuten weltweit
…. das gemischte NHL Eishockeyteam der

Montreal Canadiens gewann dann mit speziellen Jahresdatierungen und schönen Feiern am Meer und im technisch wunderschönen und blumigen Montreal Canadiens Icestadium helling and adapting (Stadionbezeichnung Monti) mit speziellem feintunigen und und spielsystemischen Eishockeyspiel mit mir als Teamkapitän mit Nummer 24 Peter Oberfrank New York Rangers die NHL Stanley Cup Trophy und NHL Presidents Trophy dreimal in Folge und happy seini und somit schon 4 mal insgesamt diese historischen weltweit bekannten großen NHL Trophäen.

In Buffalo in Amerika mit viel Naturlandschaft (Wiesen, Wüsten, Gletscher, Vulkangebieten, Lavagebieten, Höhlen, Wassergebieten, Sandgebieten ....) entwickelte und gestaltete ich Peter Oberfrank – Hunziker dann ewig schön die Technik mit Gebäuden, Eishallen, Sporthallen, Naturstadien, Naturarenen, Straßen, Wegen und die Lebensmittelindustrie und Farbenindustrie und die allgemeine Technik und erhielt viele Naturoscars …. schön sind auch meine Ursprungszeichen in der NHL mit „made in china" und „made in …." und „n" und"N" und TM und ® und © und ✿ und ….

Ganz stolz ist die NHL Region Buffalo auf ein tolles Eishockeyteam NHL Buffalo Sabres (also with omying and opyseini und Namen Irmov, Irmova, Rolfo, Rolfa, Elundo, Elunda, Elio, Elianda, Michelloro, Michellandao, Micho, Micha, Tuoso, Tuosa, Tuosi, Tuosia, Vonno, Vonna, Vonnondo, Vonnanda und mir als Teamkapitän Peter Oberfrank – Hunziker and also art naming Thomas Vanek mit Nummer 23) und in Buffalo ist eine schöne Wiesenregion mit ebenen Flächen und hügeligen Landschaften und auch Gebirgen und viel Wasser und teils Wald und auch ganz viel Wald in bestimmten Regionen mit Mammutbäumen und Mammuts und Sonnenblumenfeldern. Die Buffalo Sabres gewannen dann mit speziellen Jahresdatierungen und mit Harvord University Absolventen Feiern für mich Peter Oberfrank und schöner Medaille in grün weiß gold mit stolzen Sein und beim

Eishockeyspielen mit genauer
Eishockeyspieltaktik und relaxing und
genauem Schauen und Tun auch mit einem
teils gemischten Team dann schon 10 mal
in Folge den NHL Stanley Cup und die
NHL Presidents trophy und wieder
schönen NHL Medaillen mit glanzvollen
Naturfeiern und auch Theaterbesuchen,
Bibliothekbesuchen, Opernbesuchen,
Musikkonzertbesuchen und auch
Nachdenkstunden und Erinnerungsstunden
und Zukunftsstunden und
Blumengärtnereistunden.

Mit einem Weltteam und flexiblen
Spielsystem gewann dann das Team
Canada in Salt Lake City auch mit
speziellen Jahresdatierungen die
einzigartige olympische Goldmedaille im
Eishockey mit Team Canada Medaille und
NHL Stanley Cup trophy mit Anführung
von 400 Team Canada Eishockeyspielern
und Eishockeyspielerinnen und schöner
Feier mit vielen Reden und auch ruhen und
lachen im Salt Lake City original
Eisstadium mit mir Peter Oberfrank –
Hunziker als Teamkapitän mit NHL art

names Wayne Gretzky, Kevin Lavallee, Andi Nödl, Christian Perthaler, Marc Messier .... dies mit netten und schönen Eishockeyspielen gegen alle Länder dieser Welt und gemeinsamen Feiern und genauen Registrieren und Dokumentieren im NHL book und Olympiaeishockeybuch ewig aller teilnehmenden Eishockeyspieler und Eishockeyspielerinnen, Trainer und Trainerinnen, Funktionäre, Schiedsrichter und Schiedsrichterinnen, NHL Geschichtsarbeiter, Zuschaueranzahlen und schönen Eishockeysportstätten mit wunderschönem einzigartig ovalen Eishockeystadium „Salti" mit der Buchabschnittsbezeichnung „wieder schönes weltweites Eishockeyfest und Naturschaufest".

Ein großes Fußballfest war dann die Fußballweltmeisterschaft in Mexiko in Mittelamerika mit 20 qualifiziertem Fußballmannschaften und wunderbaren und begeisternden Fußball im architektonisch technisch naturigen alten Fußballstadium „Azteca" in Mexiko City und wunderschönen und natürlichen

Wohnen in Mexiko Region und naturi
Landi mit Pinguinen, asoros,
Eichhörnchen, Igel, Zebras, Predator
Tigern, Rosen, Edelweiß, Bären, Tulpen,
Eisbären, Kamelen, Affen, Eisibären,
Gorillas, Graslandschaften, Sandstrand,
Sterne schauen, Dschungel,
Lianenpflanzen, Wüste, Kamillepflanzen,
Soronos, Schlangen, Pfifferlingen, Pilzen,
Adlern, Schildkröten und ….

Mit ganz feinem Fußball und schnellen
Laufen und auch ruhen gewann das freudig
lachende Fußballteam Argentinien den
Fußballgoldpokal und schöne kleine
Fußballgoldpokale und 10 schöne kleine
Fußballgoldpokale auch in die NHL
Museen weltweit …. dieser schöner
Fußballsport und dies naturig sein wurde
mit einer Weltreise gefeiert und
Teamkapitän dieser Fußballmannschaft war
und ist Diego Maradona und ich Peter
Oberfrank – Hunziker als
Assistenzteamkapitän 1 und Zico als
Assistenzteamkapitän 2 und Dino Zoff als
Teamkapitän 3 und Hansov als
Teamkapitän 4 und einem ganz tollen Team

und abschnittsweisen und übergebenden Fußballspielsystem.

Eine schöne Sportentwicklung nahmen dann insbesonders der Schisport mit vielen FIS Schiweltcuprennen und Handball, American Football mit perfekten Sieg der NFL Mannschaft San Antonio, Basketball mit schwungvollen und schönen Siegen der NBA Mannschaft Harlem Globetrotters, Tennis mit Grand Slam Turnieren und challengern, Tischtennis, Baseball mit wunderschönem Sieg der New York Yankees und überall ewig feiern, Kegeln, Curling, Schilanglauf, Rodeln, Bobfahren, Skeleton, Radfahren mit Rundfahrten, Snowboarden mit Disziplinen und jumping Disziplinen, figln schifahren, Boccia am Strand spielen und auch weitere Sportarten (wie Golf, Minigolf, Surfen, Wasserschifahren, segeln, Kanu fahren, Wasserbrett im Meer und See in Wellen und bei Wasserruhe fahren und einfach im Wasser sein, Wandern, Laufen, Gehen, Volleyball, Beachvolleyball und Frisbee spielen, tanzen, Turnen, Gymnastik, Yoga ….).

Schön und gut sind auch Gedankenspiele wie Schach und Puzzle ....

Mit Musikfesten und auch Tanzfesten und Spielfesten wurde im Jahr 2000 der Volleyballolympiasieg mit NHL Stanley Cup Trophy für Team Brasilia in Rio de Janeiero am Zuckerhutberg und auch Fußball wurde wieder schön im Maracana Stadion mit Fußballolympiasieg für Team Brasilien und weltweit auch in der Natur gefeiert und auch im Sportstadion am Meeresstrand de la Playa und in der Natur schön freudig gefeiert mit Kerzenschein und Fackelgehen und Fackellaufen und ewig gefeiert und sich erinnern und weiter feiern.

Im Eishockeysport wurden in der NHL dann mit speziellen Jahresdatierungen und schönen Spielsystemen „nhling" und Toronto Stil große Eishockeyerfolge mit 5 maligen NHL Stanley Cup Gewinnen und NHL Presidents Trophy Gewinnen von der NHL Eishockeymannschaft Toronto Maple Leafs mit mir als Teamkapitän Peter Toronto und auch NHL art names wie toronti und ici für mich und einem tollen toronti Team im wunderschönen einzigartigen alt traditionellem burgenhaften und schlosshaften „Toronto ice stadium" and living room groß und klein gefeiert. Toronto liegt in einem wunderschönen Talkessel mit feiner grüner Wiese und hügeligen Gegenden und schönem Wasser und einem großen Wasserfall und super Schigebieten und ist auch eine schöne Sommerregion mit Teicehn und Seen, Bächen und Seelandschaften und Schilfregionen und kleinen Wasserfällen und bunten Steinen und abwechselnden kleinen Sandlandschaften und kleinen Grünwiesenlandschaften.

Die Montreal Canadiens sind auch eine gute NHL Eishockeymannscahft und Sportmannschaft und gewannen schon viermal den NHL Stanley Cup und die NHL Presidents Trophy mit mir als ewigen und einzigen Teamkapitän mit art Names Peter Oberfrank und Peter Oberfrank – Hunziker und Hunschow und Rückennumer hauptsächlich die Nummer

24 mit Peter Montreal Canadiens ever NHL.

Glanzvolle und vielfarbige Natur in Montreal.

Viel NHL Eishockeygeschichte schreibt die NHL Eishockeymannschaft Tampa Bay Ligthning mit mir Peter Oberfrank als Teamkapitän und art names wie Martin St. Louis und auch Peter Tampi und hauptsächlich Rückennumern 23 und 27 und erfolgreiche NHL Gewinne mit schon 10 NHL Stanley Cup Trophy Gewinnen und 10 NHL Presidents Trophy Gewinnen im altehrwürdigen und modern gestalteten Tampa Bay icestadium mit NHL Bezeichnungen „Peter stadium" und „Isabelo stadium". Wunderschöne Sportfeiern und Naturfeiern mit Autoausstellungen und Auto Corso und auch Aurora Buchi Tagi und Wetten dass Fernsehsendung und Naturveranstaltungen und Natur wandern ....

Im NHL Sportkader der Tampa Bay

Ligthning sind vor allem Leute aus der asinscha Naturgegend in Asien und auch besonderen retired numbers „Pezi" und „Isi" und in Tampa Bay ist auch ein historisch wichtiges und schönes NHL Museum.

Glanzvolles und sternleuchtendes NHL kreativ Eishockey dann und wieder auch vom ältesten NHL Team New York Rangers mit mir als Teamkapitän Peter Oberfrank und Peter Oberfrank – Hunziker und wieder mit blueshirt und whitetshirt Rückennummer 24 und den Gewinnen von schon 11 NHL Stanley Cup Titeln und 11 NHL Presidents Trophies und der großen goldfarbenrosa NHL presidents trophy with naming Peter New York Ranger ever 24 and 47 and 48 and 99 Wayne Gretzky ….

Ein NHL ever highligthning Jahr war 1994 mit dem Gewinn durch ein genaues und naturnahes NHL Team New York Rangers mit Kreativeishockey im Spielsystem und schönen gewinnen der NHL Stanley Cup Trophy Champions 1994 mit Namensnennungen und Erhalt des

wunderschönen silberschwarz farbenen
New York Rangers Champions Medali pin
mit den speziellen Jahresdatierungen 1928,
1933, 1940 und 1994 und Champions Titel.
Für mich Peter Oberfrank als New York
Rangers ever Team Kapitän auch den
schönen goldrosa farbenen New York
Rangers Champions Medali pin auch mit
speziellen Jahresdatierungen und das NYR
Starlight Tablet in einzigartiger Form und
auch für 11 NHL Museen in Kopieform ....
und laut NHL book mich erinnernd an die
Jahreszahlen 1928, 1933, 1940 und 1994
und auch schönen Steinfarben im Central
Park zu New York in rosa, schwarz, weiß
und orange .... auch ewig schönes NHL
feiern im St. Pauls Cathedral in New York
und weltweit feiern und auch viel reisen.

Besonders schöne Sportfeste im Tennis auf
der ganzen Welt und speziell in
Wimbledon, Sydney in Australien, Perth
mit schifahren, New York im Aaron tennis
center mit Titulierung Flashing Meadow,
und auch Paris am Tennisplatz Roland
Garros mit schönen Tennisspielen und
Tennis Finalsiegen durch Michelle, mich

Peter, Lindsey, Elke, Isabel, Karin,
Irmgard, Rolf, Michellor, the Ar, Arongo,
Ruud, ET, Moos, Gras, Sand, Rosen,
Aurora, Anna, Leila, Michaela, Miri, Tiri,
Liri, Amelie, Linea, Isabelo, Elisabeth,
Elisabetha, Alice und the ro aus Toronto,
Andrewo aus Toronto, Bulindo aus
Michigan in Canada …. Tennis ist ein
ewiger Sport und Tischtennis verbreitete
sich weltweit und schöne Erfolge sind im
NHL Museum zu sehen und viel
Naturdenken und auch Sportdenken überall
und dies ist gut so.

Ich Peter Oberfrank mag schifahren und
dies weltweit (Afrika mountain, Mount
Everest, Swiss mountain in Australia, St.
Louis mountains und St. Louis mountain,
Lake Louise skiing ressort, Kitzbühel, alp
city Innsbruck, Alpine city garmischi,
Vienna hügeling, Zürich mountains,
Hamburg mountains, Buffalo sky hills,
Philadelphia hugeling and mountaining ...)
und feierte schöne Erfolge mit
Olympiamedaillen und
Weltmeisterschaftsmedaillen,
Weltcupsiegen, YOG Medaillen, und NHL

Stanley Cup Gewinnen .... die weltbeste
Schifahrerin und Schibeauty und Schilady
ist Princess Lindsey mit 40 Olympiasiegen
und vielen Weltmeisterschaftsmedaillen
und NHL Stanley Cup Gewinnen und auch
ewigen Schiweltcupsiegen und schön
Weihnachten feiern in der Natur und am
Geburtsort(Südpol, Nordpol, Antarktis,
Phili mountain, Eisbergland, Norwegen in
Schibucht mit disco dancing, Rapperswil
mit Weihnachtsmusik ewig, Clodundo
Land mit Schibergen in Asien, Swissiland
mit Schipulverschneebergen und schönen
Weihnachtshöhlen und Osterholzhaus und
Holzhäusern, africaskiing ressort in
abschunga mountain mit großen schönen
und marmorholzigen „Holzsteinhaus" mit
Beton und Stahlträgern und
Kupfereisendach sowie Stahlstreben und
Winkeleisen und Glanzeisenstangen und
Winkelressortinti und
Girundulukupferbleiblech ....).

Auch skiing princess Elke mit
bunthübschen Abfahrtfahren und
glanzvoller großer Olympiamedaille und
auch Lindsey und Miri, Tiri, Liri …....... und
beim naturigen Schnee rodeln mit

einzigartigen rosagoldhimmelblauen Olympiamedaille sind Amelie, Linea und Karin und Irmgard ewig glücklich .... schönes Feiern beim grüngold glänzenden Weihnachtsbaum und ewiges Lachen und Natur bewundern.

Im NHL book steht geschrieben und dies ist ganz wichtig, dass beim sporteln und gehen und beim Natur wandern insbesonders auch die Naturruhegebiete und die Naturschutzgebiete zu beachten sind.

Ein Modesport weltweit ist rodeln und auch eislaufen und auch schilanglaufen.

Ganz crazy und spaßig ist Snowboarden, Skateboardfahren und Curling.

In Tampa in Amerika ist die Skateboard ever Prinzessin Alice auch zuhause und weltweit als Balett Princess in den Opernhäusern mit schönem Tanz und schönen musizieren mit Harfe und Didgideroo.

Bei den Sportfesten sind auch schöne
Blumenfeste und Grasfeste und Steinfeste
und Palmenfeste und auch Radfahrfeste
und Rollerfeste und Rollerskatesfeste.

Im NHL Eishockey wurde und wird
systemisch analysiert und mittels hoher
Eishockeykunst mit ganz hoher Präzision
und viel Training und Teambesprechungen
erreichte das NHL Team Detroit Red
Wings in schöner Manier den Gewinn von
schon 10 NHL Stanley Cup Trophies und
auch 10 NHL Presidents Trophies mit
großem Applaus von 1 Million Zuschauern
im feierlichen und tanzenden „NHL Detroit
Dome stadium" mit mir als Teamkapitän
Peter Detroit mit Rückennumer 21 und
einem guten Team mit Eishockeyspielern
aus Disa Land und klangvollen Namen wie
Makarov, Tretjak, Buschin, Krutow,
Fetissow, Ludsin, Zorow, Borundo,
Lomundo und Luscho …. schöne NHL
feiern bei Kerzenlicht und Naturruhe.
Detroit ist eine Stadt mit viel Natur und
Wald (Zirpressen, Mammutbäume,
Loschen, Fichten, Tannen, Eichen, Ahorn,
Zirelien) und auch teilweise

Automobilindustrie (Marke Auti für alle Autos) und schöne Weizenfelder.

Ebenfalls gewannen schon 10 NHL Stanley Cup Trophies und 10 NHL Presidents Trophies die NHL Mannschaften Philadelphia Flyers mit geradlinigen und kurz kreisenden Eishockey in leicht hügeliger Wiesenheimat und Wassergebiet Philadelphia City und dreieckigen Eisstadion, New Jersey Devils mit Kurzpassspiel und ganz kreisenden Eishockey und auch schnellen Kunsteishockey im New Jersey Eispalast mit Holzumgebung und schönen Bächen und Wald und Stauden im Ort New Jersey, Ottawa Senators mitten in einer großen Naturregion und auch Bergregion mit klassisch geradlinigen Eishockey und schönem eislaufen im „nature ottawi stadium", Winnipeg Jets mit ganz schnellen und blumigen kreisenden Eishockey im Naturland und Blumenland Winnipeg im kreisigen NHL Eishockeystadion „Winni" und großen Graslandschaften, San Jose Sharks mit schnellen geraden und kurvigen Eishockey

im kantigen „Sharky Eispalast" in der
Wasserlandschaft und Seengegend und
Meeresgegend San Jose, Dallas Stars in
einer texanischen Wüstenlandschaft und
Wasserstegregionen mit viel Schilf und
Gras und auch mit viel Grün und
Dschungel mit einem Team aus
Eishockeyspielerinnen und
Eishockeyspielern aus Africans und
Tschibuti in Asien und mit mir als
Teamkapitän bei allen NHL Mannschaften
ewig und viel Naturarbeit und technische
Arbeit im wunderschönen glasigen „Dallas
Eispalazzo Stadium" mit Marmor und Holz
und mit spezieller schöner schneller
Eishockeytaktik und genauen Spielsystem
und natürlichen und schönen
Modekleidungsfeiern im Ort Dalli und
überall, Anaheim Ducks im Waldgebiet
und leicht hügeligen Wiesenland und
schönen sternförmigen „Ani
Eishockeystadion" mit viel Ruhe und
Naturlandschaft und Flüssen und bezüglich
Eishockeytaktik einfaches spielen und
lachend spielen, Columbus Blue Jackets in
einer Schneeregion und leicht hügeligen
Region mit NHL schneei homi und

quaderförmigen NHL Eishockeystadion
und eleganter Eishockeytaktik, Colorado
Avalanche mit viel Schnee und
Schneerutschen im Colorado Tal mitsamt
Wiesenregion und auch Sandwüsten und
Dschungel und Lianengebieten und einem
trapezförmigen Eishockeystadion und einer
ganz sanften und kombinationsfähigen
Eishockeytaktik, Arizona Coyotes im
größten Wiesengebiet der Erde und viel
Naturregion im Aförmigen „arizoni
Eisstadion" mit ganz schnell
kombinierender und systembildender
Eishockeytaktik, New York Islanders in
einer Inselregion mit schönen
Sandstränden und Palmen und
Kokosnussgebieten und
Schilfholzsteinhäusern und im schönen
Pförmischen „isli Eisstadium" mit zügigen
und abschnittsbeachtenden
Eishockeytaktikspiel, Los Angeles Kings
an der ganz schönen und variablen und
auch gebirgigen und höhlenreichen
Pazifikmeeresküste und auch Seengegend
mit Sandstränden und einem Lförmigen
„LA Eishockeystadium" und vielfach
kreisender und systemischer

Aufstellungseishockeytaktik und
mittelschnellen und schnellen
Eishockeyspiel und einbeziehenden
Eishockeytaktik spielen, Minnesota Wild
im Naturtalkessel mit Meeresregion und
Wiesenregion und schönen Hochhöhlen
und Schiabfahrten und Schiliften und
alpinen Gebäuden und Gförmigen „minneo
Eisstadion" mit NHL Eishockeytaktik
systemisches leichtes und schnelles
Spielen, Vancouver Canucks an der
nördlichen Kanadaregion mit Polareinfluss
vom Nordpol und vom Südpol in
zauberhafter Weise in Farben rot und blau
im Vförmigen „Vanci Eisstadion" am Meer
gelegen und schönen Architekturgebäuden
und vielen Buchbibliotheken und schönen
Blumengebieten und spezieller ganz
systemischer und punktueller
Eishockeytaktik, Carolina Hurricanes in
einer schönen Windregion und auch
Windruhe in felsigen Tallandschaften und
Geysiren und großen
Blumenwiesengebieten und kunstvollen
Holzregionen und Zauberwald und viel
Wasserbewegung in Teichen und Seen und
Bächen und Wasserfällen und auch ruhende

Wassergebiete mit Meereseinfluss und
Vulkanen und Gletschern und mit einfach
kreisender Eishockeytaktik in spielerischer
Form im mehrstöckigen langrechteckigen
„Carona Eisstadion" mit vielen
Sportgebieten und Naturruheregionen,
Boston Bruins im leicht welligen
Wiesenland mit 1 schöner großen
Bibliothek und naturnahen Holzhäusern im
Bförmigen „Bosti Eisstadion" mit
mehrfach kreisender und
systemlinienförmiger Eishockeytaktik,
Washington Capitals mit großer NHL
Traditionsgeschichte und wunderschönen
marmorigen und Stahlbau Eisstadion
„Wimmi" und gelegen in einem Hügelland
und Wiesenebenenland mit
holzmarmorigen vielfarbigen Haus und
modernen Gebäudebauten und 2 großen
Buchbibliotheken und NHL
Eishockeytaktik mit leichten spielen und
konzentrierten und blockbildenden
eishockeyspielen mit blumigen feiern und
Medaillen und Trophy feiern ewig,
Pittsburgh Penguins mit
Pittsburghblumenprinzessinnen und
gelegen in einem schönen weiten Land mit

Teichen und Seen und viel Pinguinen und
Eulen und dem schönen Pförmigen „NHL
Pitti Eishockestadion" und vielen
Sportplätzen und Gebäuden und urigen
Häusern und großen schönen Höhlen und
auch modernen Holzhäusern und isi
Weihnachtsholzhaus und Santi cathedral
und Eishockeytaktik ist leicht runden und
schnell und systemspielen und aufbauisch
spielen und NHL Bibliothek mit auch
Naturbüchern und schönen feiern, Las
Vegas Golden Knights auch mit großer
NHL Tradition und komplett in der Wüste
von Texas gelegen und auch mit Wiesen
und Hügellandschaften und schönen
Palmen und Wasserregionen mit Seen und
auch Meeren und „glänzenden 2 NHL
Eisstadien mit den Bezeichnungen Lö und
Lai" und mit Eishockeytaktik ganz leicht
und fein spielen und positionsteambilden
vförmigen Spielzügen, Florida Panthers
gelegen an der großen Meeresregion mit
polarigen und hawaianischen
Naturkulturen und schönen
Wasserstegregionen und großen
Meerestränden und Buschholz und vielen
bunten Wiesen und Höhlenland und

Wasserfalland und Geysireland und tförmigen Eisstadion „Panti" und ganzgerader und auch schnörkelnder Eishockeytaktik, Calgary Flames im bergundtalkesselgelegenen Wiesenland mit 2 kleinen Hügeln und traditionellen und auch modernen Häusern in Tallage und auch moderni in Hanglagen und Cförmigen „Cali Eishockeystadion" mit viel Sportanlagen und mit einer halbkreisigen Eishockeytaktik und tempovariierend spielen, KAC ist überall und hauptsächlich im Norden von New York im Holzmarmorhellbraun Haus und Eisstadion Detroiti mit Verbindung zu den Detroit Red Wings und auch in Klagenfurt am Wörthersee und auch in Afrika City mit großen Eishockeyfesten und großen herzlichen Feiern und schöner Harfenmusik und NHL shop und Eishockeytaktik systemisch mit geraden und kreisrunden schnell und dosierend spielen, CSKA Moskau im wunderschönen ganz großen Russland mit großer Naturlandschaft und viel Stille und großen und kleinen Steinen und Wasserflächen und Eisflächen riesengroß und schönen

Eishockeystadion „Cisi" im altburgigen
und modernen ovalkreisigen Formen und
auch geraden Formen und mit
Eishockeytaktik anlehnend und auch in
Verbindung mit Detroit Red Wings als
schnelles und temporeiches Eishockey mit
halbkreisenden und ganzkreisenden
eislaufen und eishockeyspielen und große
musikalische schöne Feiern mit
Zeichenkunst und Malkunst und auch mit 5
Weihnachtsbaumprinzen ganz stolz und 1
ewigen Weihnachtsbaumprinzen lachend
in silberner und roter Farbe, Chicago
Blackhawks im entlegenen Kentucky in
sanfter und ebener Landschaft eingebettet
und ganz ruhige Natur und viel
Naturdenken und schönem Iförmigen
Eishockeystadion „Indi" und mit
indianerhafter Eishockeytaktik mit
kunstigen gesamtsystemigen und tempigen
und auf das Spiel jeweils abgestimmten
leicht und schnell und bremsenden und
kurvigen Eishockey, St. Louis Blues an der
atlantischen Meeresküste gelegen in weiter
großer Wiesenlandschaft mit schönen
buntfarbenen Häusern und vielen
Blumengebieten und auch vielen Tieren

und im wunderschönen quadratisch
angelegten „NHL St. Louis Blues Stadion"
mit auch art names und mit
Eishockeytaktik viel Konditionstraining
und Gymnastiktraining und eislaufen und
Floorball spielen und rollerskaten und in
der Natur sein und wandern gehen und
beim Eishockeyspielen mit systemrunden
und feinen und geradlinigen taktieren und
umsetzen in schöner Bewegung und nach
dem Eishockeyspielen ruhen und gehen
und laufen gehen und wandern und
schlafen und in der Natur sein.

Die NHL Mannschaft St. Louis Blues mit
mir Peter Oberfrank – Hunziker (auch
mein Hauptwohnsitz ist in St. Louis street
g mit einem mittelbraunen und
grünmarmorigen Holzhaus in der Natur)
als ewigen Teamkapitän und meinem NHL
art name Peter Pietrangelo und
variierenden Rückennummern und Vornamen
und einer ewig gloriareichen und feiernden
Eishockeymannschaft in der ersten und
einzigen NHL full season (in Deutsch heißt
dies Vollsaison) mit 82 Vorrundenspielen
und dann 16 NHL Play Off Mannschaften

im Eishockey mit winning best of 7 games
(dies bedeutet Weiterkommen im Play Off
Duell mit vier Siegen) bis zur Finalpaarung
mit 2 NHL Eishockeymannschaften und im
NHL Final (in deutscher Sprache heißt dies
Finale oder Endrunde mit ewigen feiern)
mit ebenfalls best of 7 games und ewiges
NHL feiern mit dem NHL Stanley Cup
Trophy Gewinn und NHL Presidents
Trophy Gewinn und den schönen NHL
Medaillen und ganz wertvollen NHL
medali (auf deutsch heißt dies Medaillen)
und presente (heißt in deutscher Sprache
original Geschenke und schöne Geschenke
und dieser Begriff und Wort entstammt aus
dem Jahr 2004 und auch 2019).

Ganz wichtiges und einzigartiges und
ewiges NHL Regulativ beschreibt nach den
NHL Vorrundenspielen die Verleihung an
das punktebeste gewinnende Team die
Verleihung der wichtigen NHL Presidents
Trophy und dann ist jeweils die NHL
Finalrunde (auf englisch gut klingende
NHL Play off) und der Gewinner durch
Finalsieg erhält auch durch Verleihung die
wichtige NHL Stanley Cup Trophy und
allgemein wichtig sind auch die NHL

Medaillen (in englischer Sprache medali und auch medaillons in montrealisch englisch genannt).

Große und alte NHL Geschichte und auch Naturgeschichte und auch der Floorballsport (= Hockey mit einem leichten Ball) wurde in die NHL Geschichte als Sport eingebunden und zuvor auch schon weitere ewige Sportarten wie Fussball, Schifahren, Basketball, American Football, Tennis, Federball, skateboarden, Seifenkisterlfahren, radfahren, wellenreiten, Karussel fahren, Golf spielen, Boccia spielen, Kegeln, laufen, gehen, wandern, Gymnastik, Yoga, Leichtathletik, schwimmen, snowboarden, schispringen, Frisbee spielen, Volleyball, Handball, surfen, wellenreiten, tanzen ….

Einzigartiges und freudiges Sein und Werden beim NHL Florball Germany Stanley Cup Trophy Triumph mit dem Siegerteam „Floori New Yorki germany" und allgemein gut spielenden Floorballsportmannschaften und auch gemeinsamen Feiern der NHL Floorball

Germany Stanley Cup Trophy …. fröhlich feiern mit freudigen gehen und wandern in der Natur …. Bezeichnung mit „NHL Floorball Team Germany Stanley Cup with unique being … einzigartigen sein …. Teamcaptain New York Ranger Peter Oberfrank and great team montrealis in winning team Floori New Yorki germany " …. es war für alle ein fröhliches Sportfest mit Floorball spielen in der Region Germany in der Natur und im Stadion naturi und mit viel Lachen und Denken und Reden und auch Ruhe beim großen Lagerfeuer und dann beim gelöschten Lagerfeuer mit kleinen Wasserteich und schöner Wiese. Die brillante Floorballtaktik war „isabelisch und peterisch entwickelnd und seiend mit schachspielartigen spielen und kunstvoll situativen kreisrunden leichten spielen und happy sein". Auch ein ruhiges Naturfeiern ist wunderschön und erinnert auch an die NHL Stanley Cup Trophies in Floorball for teams „LA Kingis" and „St. Louis bluesi" and „Wiesi" and also the NHL Presidents Trophies for this teams …. auch an NHL ruhig feiern in Toronto und ist einzigartig und mit Nachdenken und berücksichtigen der speziellen Lage und Situation und des Wetters.

Winnig of several NHL Stanley Cup trophies and NHL Presidents trophies for me Peter Oberfrank as New York Ranger ever for history doing and nature enjoying and celi happiness celebarting and icehockey doing and sports doing and nature doing and nature caring and nature developing and nature being ... like sun trophy, moon trophy, shell trophy, esso trophy, billa trophy, saturn trophy, nature ever trophy and so on and all together the beautiful sum of 200 trophies .... and also remembering all and enjoying. And my NHL Stanley Cup trophies ever and also my NHL Presidents trophies ever with historical medali.

Ganz schön und feiernd war und ist die Zeremonie für einzigartiges und wunderschönes Eishockeyspielen bei den New York Rangers für mich Peter Oberfrank – Hunziker im Land ewigi in der

Naturregion germany mit Germanischen Liedern und Übereichung des „NHL Stanley Cup Trophy NYR Peter mit Bezeichnung NHL stanley cup trophy for and with Natur ever" and also including on the backside „presidents trophy and happy being ever".

Für mich und alle einzigartig ist und bleibt ewig in Erinnerung die Überreichung der ewigen „NHL Eule".

Diese Erinnerung ist für mich auch in Farben blau und rosa und ewiger Erinnerung an für mich wichtige Orte St. Pauls Cathedral, NHL housis, Buckingham Palce, Cavi church, Rom city, Neapel city, Venedig, Westminster abbey church, Weissensee church, Stephansdom, churchilli place, spacy place, green place ….

Großes Glühwürmchenfest in Alpencity Innsbruck mit sharky ever feiern und genießen ewig.

Ganz schöne schweizerische Heirati in

Kirche Rapperswil mit rosa Heirat und
grüner Heirat und goldener Heirat und
weißer Heirat und himmelblauer Heirat ….
und viele Feiern wie Blumenfesti,
Schifesti, Eishockeyfesti, spacy Festi,
Elternfesti, natural dreaming, NHL
dreaming and being, Wasserfallfest, weiße
Wiese Fest, goldener Holzbaumfest,
rosablue Wasserfallfest, glänzendes Eisfest,
Waldfest für alle, wishi fest, Tiere Fest,
Pfanzen Fest, Rosen Tulpen Fest ….

Große Kirchenfeste mit Glockengeläute
und Blumenfeste in Saint Alin und Saint
Altuin mit großen Denken und sich
erinnern und seien …. am Blumenfield und
Moosfeldele ….

NHL Fest naturig ….

Als NHL Spieler sind für mich Peter
Oberfrank die NHL Höhlen Washington
und St. Louis bluei ganz wichtig und auch
die Technik mit der Natur und das denken
und schön gestalten und lachen.

Für mich Peter Oberfrank – Hunziker sind meine NHL art names ewig und dies sind beispielsweise auch Jaromir Yagr, Joe Thornton, Henrique Lundqvist, Jonathan Quick, Mike Richter, Wayne Gretzky, Sidney Crosby, Pezi, Pezi Bärli, Pittsburgh Peter, Washingtoni Peter, All star Peter, All star NHL Peter, Rick Nash, Hunzi, Jaro Buchnevich, Mike, Zibanejad, Mike Parrin, Dough Smith, Claude Girauld, Dough Shennan, Glen Metropolit, Peter St. Louis, Ryan Duncan, Peter newyorkrangi, Big Love, Peter Große Liebe, Peter family, Peter son, Peter brother, Peter father, Peter datterla, Peter korki, Peter, Peter first NHL Stanley Cup winner, Peter first NHL Presidents trophy winner, nature boy, Kevin Lavallee, Peter LA, Eric Lindros, Marc Messier, Martin St. Louis, Peter Dallas, Winnipeter, Brad Isbister, Chris Drurry, Duncan Steppan, Thomas Muster, Luc Robitaile, Luv Icer, Icipete, Pete Sampras, Stefan Edberg, Roberto Baggio, Zinedine Zidane, Messi, Marco van Basten, Luis Figo, Pep Guardiola, Yepete, natural Peter, Laudrup, Peter Nashville, Peter St. Louis house, Peter Indianer, Peter indiani, Peter dragon, Peter otongo, Peter otongis, natural Peter, Peter wedding, wedding ever, weddingi, family familyi, snowman, iceman, iglu, polari, Steve Polgar, Dennis Houle, Columbus, Chris Valentine, Rick Zapuncic, Chris Baros, Chrisi Barosov, Schach, Mühle, los angeles kingi, annaheim ducki, chicago blackhawki indi, chicago blackhawki indiani, chicago indianer, Christiano Ronaldo, Zlatan Ibrahimovic, Eric Staal, Peter Santa Clause, Peter NHL celebrating, Peter naturing, Wham, pullin, Josi, Darling, NHL Stanley Cup, NHL Stanley Cup Trophy, NHL Presidents Trophy, medali, present, NHL Weihnachtsbuch, NHL christmasbook, AHL, NHL, CSKA, KAC, NBA, NFL, baseball, football, soccer, american football, golf, minigolf, skiing, dreaming, making, Chris Andrews, Peter Lorando, Nplayer, NHL player, joyer, nhling ….

Meistens bunt und mit Reden sind die NHL Feiern oder auch nur mit 1 Farbe und mich Peter Oberfrank – Hunziker als NHL Gründer (Gründungsjahr ist ewig und auch

das sporteln und feiern …. viele große
Vordenker und Philosophen zur NHL Liga
und großes nhling Feiern im Jahr 1973 und
als Gründungsjahr kann mit dem Jahr 1919
ein schönes Sternsteinziehen angegeben
werden und im Jahr 2019 großes 100 Jahr
Jubiläum der NHL) freut es immer und
ewig zu sagen, dass die NHL ewig feiert
und auch Privatheit ist ganz wichtig.

Glanzvolle und weihnachtliche NHL Feste
sind das Weihnachtsbaumfest mit NHL
presentelen, Große Liebe Heiratsfest,
Babyfest, Naturfest, und das New York
Broadway Weihnachtsbaumblumenfest mit
Eis im Glas schauen …. Farbenfest bunti,
Clownfest, Musikfest, Modefest, Zelt
Festele, Eishockeyfest, Schifest,
Schifahrenfest, Schiedsrichterfest, NHL
Fest mit Lampions, Blumengartenfest,
Laternengehen, Laufele und runelen festi,
eishockeyelen Feste, Rosen Feste, Tulpen
Feste, Sommer fliegelen und
Schwimmflügelfest, NHL Naturfest,
vulkanische Feiern, Natureisfindungsfest
und Waldfest, Natureis suchen und beim
Finden von schönen Natureisplätzen auch
nach Wasserfalleis Aussicht halten und die

Natur auf sich wirken lassen, Kölner
Natureisfest mit Weihnachtsbaum und
großem Osterei und schöne Staudenregion
und Baumregion, Weihnachtsgymnastik in
der Natur, Sommeryoga in der Natur und
auch bei kühlenden schönen Wasserfällen,
Mond schauen und Sterne schauen Fest,
Buchfest, naturig feiern, Zeichnungen
feiern, schreiben feiern, zählen feiern,
Ziffern und Zahlen feiern,
Weihnachtsbaumelefestl,
Weihnachtsbaumilefest, Schifferle Fest,
Weihnachtsbaumifest, Weihnachtsbaum
und Staudifesti, Luftmatratzenfest,
Sandfest, Sport und Natur Fest, Schule
feiern, Kindergarten feiern, Reiseerlebnisse
feiern, Niagara Wasserfälle feiern,
Yellowstone feiern, Pyramiden feiern,
Wald und Bachele feiern und Farben wie
orangeglanz und baluglanz und blauglanz
bestaunen, sanft Wasser feiern, märchig
feiern, schirodeln, schneerutschen,
Märchenbuch feiern, Ostereier feiern,
Moos feiern,Sternschnuppen feiern,
Mobilität feiern, Technik feiern, Gebäude
feiern, Rockefeller Center Christmas tree
Celebrations, Easter egg Celebrations at

Rockefeller Center, NHL celebrations
worldwide, Nature celebrations, new
yorkelen, Paris skying, Zürich puzzeling,
Moskau schaching, ewigi meering und
tiering und pflanzing, playing easy, Dörfele
Blumen und Palmen feiern, Köln Fussball
feiern, kölnische Naturregion feiern,
Ravensburg Fasching, Ball tanzen,
Eishockeyfesti, NHL im Theater weltweit,
Kunstausstellungen, channeling art,
calimbering with stones glitter and light,
Nordpol besuchen, südpoling,
dschungeling, skiingdorfi in nepal city,
Rentierschlittenfahren, Washington Truck
Bus fahren und feiern, Schneefest,
Wüstenfest, Bergfestival, Teichfest,
Heißluftballon und Weihnachtsbaumfest,
lachen, Märchenwegele gehen und laufen
und wohnen im Holzhaus bunt und weiß
und ruhen und schlafen und aufwachen und
tun und machen, Denkenfest, ….
philosophisch feiern … Laternen Fest

Happy nhling und …….. NHL
Preiskegelntrophy ewig feiern.

Im Land ewigi gibt es ganz weihnachtlich glanzvolle und ganz ruhige Erinnerungen an Weihnachtsorti und ewig großer Natur dort.

Überall die Natur genießen und schauen ist ewig wunderbar.

Happy Peter christmas NHL and NHL Christmaskugeln treei are ever celebrating and great NHL and one and only ever NHL Player and N Player of NHL league Peter Oberfrank - Hunziker and all trophies celebrating .... maybe someday a Players or b Players and so on and great hockey ever and nature doing .... happy great Christmas and staring looking and happy being and prepleasuring for easter and blumi festi ....

Happy easter celebrating bedeutet ein fröhliches Osterfest feiern und dies mit Gras schauen, Gänse begrüßen mit hohoosterei und lachen und schauen wie die Gänse schön fliegen, Drachen schauen und ET mit hihieasteregg begrüßen und

auch beim fliegen zuschauen und dann
selber Drachen fliegen und
Drachensportfliegen machen und
parachutten und lachend Zürichseewellen
schauen …. tischelen und ladelen, ewigeln
….

Wunderschöne Weihnachten im Land ewigi
beim einzigartig gold glänzenden
Weihnachtsbaum und ewig träumen und
lachen.

Wunderschöne und ganz schöne und
einzigartig in der Geschichte bleibende
Erinnerung an einen schönen weißen
leuchtenden Steinglanz in 5zack Sternform
für 1 Sekunde in der Weltgeschichte und
Allgeschichte mit tiefen reinem Weiß und
Bezeichnung ever white smile und dann
die ganze Natur feierndem und
anschließendem wunderschönem einzigen
türkishellfarbenen
Steinglitzerundsternenglitzer in der Luft
einzigartig blumenhaftherzlich mit 8
Linien verbindend von oben nach unten
und von unten nach oben nur einmal in der

Geschichte und mich erinnernd an schöne Natur und gutem Sport und anschließendem orange clear mit Titel orangi in Swissi und auch anschließendem und abschließendem ewig white cleari mit Titel ewiges weiß und große ewige Natur feiern am 1. 8. 2008 mit christmas wedding und nature rolling and grinselen ewigi and nature enjoying mit allen Grasfarben und christmas dancing mit 8 stepping und schönes Holzhausi bunti und auch weißi und auch holzifarbi. Große Naturpflege dann am 10. November 2019 bis 23 Uhr gut abgeschlossen und wunderschöner klarer Sonnenschein in großer ewiger Natur am 29. 12. 2019 und ewig nature workying and happily seini and my way ever. Der 1. August 2008 ist auch ein großer weltweiter und allweiter großer Natur und Menschen und Pflanzen und Tiere und Steine und Licht Feiertag mit ewiger Harmonie mit Stille und Bewegung und auch Ruhe und dies wunderschön und einzigartig mit Sein und Werden .....

Farben ewig genießen wie blaufarbenes und hellgrünes und rosfarbenen Himmelslichtschein und schönem weißgold und dann blauweiß und rosa.

In der Natur sind alle Farben und dies ganz
rein und schön und Farben sind auch schön
mischbar.

Great christmas celebrating ever with
Heart.

Immer und ewig schöne und herzlich
Buchtage überall mit Lesen und lachen und
nachdenken und sich erinnern und reisen
feiern .... sozusagen Aurora Buchitagi
ewig gestalten und machen und lachen ....

Great presenteling in garmischi Kirche mit
speziellem grünen Weihnachtsglanz und
ganz schön mit ganz feinen Erinnerungen
an großes all NHL icehockeyice and
worldwide iceways naming „garmischi"
and happy iguling and flowering. In
garmischi Kirch wunderschöne klangvolle
Orgelspiele speziell zur Weihnachtszeit
und auch so called happy strenge

weihnachtsehefrau Isabel lady like
montreali and princess and kingi and
flower princie and Isa skateboarding childi
and smili skateboardeleladi with doing ....
and happy tampy Isabelo NHL present ....
happy kellering living and great liberaries
worldwide and speci garmischi blue ligthed
herzi Bibliothek und Buchdruckerei und
good living place mit Isabela Sonnen- und
Schaukelstuhl am Wasser und beim Moos
und Gras und blumis und dann auch
fussballspatschelen mit Spatzen Gepfeife
und Murmeltieraplausing lautend
mutschihutschikuoljin.

Im Weltall und überall ist es schön und
einzigartig und auch die Glitzerlandschaft
und wunderschönes glitzern am NHL
Jersey in Farben wie gelbrosy und blau und
dunkelblau und grünrosa und silbern ....

Meine persönliche Peter Oberfrank –
Hunziker NHL Zeit und ever NHL Zeit ist
im NHL book und NHL booki und NHL
history book und NHL trophy vom 1.
Dezember 1971 bis zum 26. Dezember

2019 und dies ist eine glückliche Zeit als einziger und ewiger NHL Sportler für New York Rangers Team und alle NHL Clubs mit ewiger Nummer 24 Peter Oberfrank (= mein stolzer Geburtsname) und auch mit meinem zweiten art name Kevin Lavallee mit ewigi Nummer 16 und auch schon davor eine suprige Eiszeit mit Lachen und viel Training und spielen und eine ewige NHL Zeit beginnend mit 27. Dezember 2019 als NHL ever player und mit meinen Heimnationen wie Schweiz, Amerika und überall wohnend …. Peter Oberfrank mit retired number 28 und vielen retired numbers überall. Ich Peter Oberfrank mit meinem realen Geburtsnamen Peter bin ganz stolz auf mein Natur und Technik ewig gestalten und machen und dies im ewigen Einklang mit der Natur und freudig lachend erhielt ich wegen guten run skatings und icehockeyplaying meine „ewigi NHL Stanley Cup trophy for Peter from New York Rangers dating with 1st January 2012" im Madison Square Garden in New York und präsentierend im NHL museum New York with great partening and happiness.

Auch fröhlich bin ich mit meiner again Floorball trophy for gymnastic doing and great and excellent Floorball doing in Land ewigi und im Central Park New York in rosa with titeling „greatest and ever Floorball player Peter Oberfrank – Hunziker born on 27th November 1971 in Rapperswil Zurich in Swiss Australia and ever sportler and ever nature technical worker and ever spacy and artist and clown and natural boy and with happy being and Date 24th January 2020 and ever celebrating NHL and nhli". NHL ever celebrating and doing. In future there are only one NHL Stanley Cup Trophy and only one NHL Presidents Trophy for winning and several medals (sporty and oscaris) .

Die Einzigartigkeit ist wichtig und es ist schön, dass das History book und das NHL history book und NHL trophy book ewig weitergeschrieben werden.

Meine Erinnerung ist ganz wichtig und schön und auch die Natur zu genießen und auch nachdenken und tun.

Für mich ist auch die berufliche Arbeit (als
Gründer von allen Baufirmen, Space,
Ferrero, Swarovski, ÖBB und Airline ….
NHL Eishockey spielen …. und happy all
ever done mit Enthering Baufirmenarbeiten
und laughing ever with nature doing and
naturel enlining and beautiful enthering
time with history and future nature) im
technischen Bereich und in der Natur
sowie das Schreiben von Büchern sowie
das Zeichnen und Malen mit großer Freude
und Nachdenken und Liebe verbunden. Als
erster Indianer habe ich mit Lachen und
Denken und ganz wichtig mit Isabel das
Indianerbuch geschrieben ….. Indianer mit
Liebe auf ewig.

Die von mir gezeichneten Bilder und
Zeichnungen sind unter anderem bei der
Galerie Saatchi Art und in einem Museum
zu sehen. Wichtig ist mir ein Leben mit der
schönen Natur.

Mit großer Freude habe ich eine nette
Weihnachtsgeschichte mit dem Buchtitel
"Es war einmal Weihnachten mit viel

Kerzenlicht …" geschrieben, wobei dieses Buch als Märchen für alle Altersgruppen gedacht ist, vor allem ist dieses Buch auch speziell ein Kinder- und Jugendbuch. Meine Romanversion zu meiner geschriebenen Weihnachtsgeschichte lautet "Weihnachten mit viel Herz, Freude und auch Kunst".

Zum Buch "Es war einmal Weihnachten mit viel Kerzenlicht …" kurze Inhaltsangabe: In einer kleinen Stadt freuen sich die Leute schon auf das Weihnachtsfest, und plötzlich gibt es einen langen Stromausfall. In der Weihnachtsgeschichte wird erzählt, wie die Leute dann beim langen Stromausfall Weihnachten feiern. Zudem findet eine große Liebe zueinander … Anna und Patrick begegnen sich wieder zufällig in der kleinen Stadt und für beide ist dies der richtige Zeitpunkt, ihren Herzen zu folgen und beide finden herzlich und liebevoll zueinander.

Die Bücher "Es war einmal Weihnachten mit viel Kerzenlicht …" (als Märchen) und "Weihnachten mit viel Herz, Freude und auch Kunst" (als Romanversion) sind im internationalen Buchhandel (zum Beispiel bei Books on demand) und auch im Internet beim Online-Buchhandel (in Buchform und als E-Book) erhältlich.

Zudem habe ich gerne das Philosophie Buch mit dem Titel "Philosophie in einem natürlichen, positiven und guten Sinn … mit Geschichtsbezug" (als Langversion mit philosophischer Geschichte hierzu) und das Philosophie Buch "Philosophie in einem natürlichen, positiven und guten Sinn" (als Kurzversion) geschrieben. Diese Bücher sind auch im internationalen Buchhandel (zum Beispiel Books on demand) erhältlich.

Mit viel Spaß und schönen Erinnerungen habe ich das Buch "Fun and joy (in englischer Sprache) Freude und Spaß (in deutscher Sprache)" geschrieben. Dieses Buch ist auch allgemein mit viel Lachen. Dieses Buch ist im internationalen Buchhandel erhältlich.

Mit Nachdenken und Lachen habe ich das Buch "Es war einmal mein Kinderwunsch …. ein Buch mit geschriebenen Worten und gezeichneten Bildern, wo ich dann

selber schreiben und zeichnen kann"
geschrieben und gezeichnet. Es ist ein
kreatives Buch und auch ein eigenes Buch.
Dieses Buch ist auch im internationalen
Buchhandel erhältlich.

Herzlich gerne und mit ewiger Liebe und
Lachen und schön schreiben und zeichnen
und schauen .... habe ich das Buch "Liebe
und träumen" geschrieben, und dieses
Buch ist auch im internationalen
Buchhandel erhältlich.

Mit viel Spaß und Lachen, Naturidenken
und Herzensliebe habe ich das Buch "Ein
Zirkuszelt in der Natur zum Träumen und
Lachen" geschrieben. Dieses Buch ist auch
im internationalen Buchhandel erhältlich.

Mit großer Herzensliebe habe ich das Buch
"Farbenbuchi" geschrieben und am 8. 9.
2019 veröffentlicht. Dieses Buch ist auch
im internationalen Buchhandel erhältlich.
Am 13. September 2019 und ewig feiern
tut die Natur und alle gerne den
"Farbenbuchitagi Auroralile" mit lachen
und chisi ....

Mit Lachen habe ich "Ein Buch über Sport
für Kinder zum Träumen .... zum Lachen

kann man auch Sporti sagen" geschrieben und dieses Buch ist auch im internationalen Buchhandel erhältlich.

Mit schönem Denken und auch Lachen habe ich am 8. Oktober 2019 mein "Herzbuch" geschrieben und dieses Buch ist auch im internationalen Buchhandel erhältlich.

Mit Spaß habe ich das Buch "Natur und Sport wunderschön, und denken, lachen und ewig feiern" geschrieben und dieses Buch ist auch im internationalen Buchhandel erhältlich.

Mit herzlichen Erinnerungen und schönen Erinnerungen an NHL Weihnachtsglitzer im Central Park in New York und meinem Sieg als New York Rangers Kapitän mit der Rückennummer 24 und meinem Namen auf der Jersey Rückseite "Peter Oberfrank - Hunziker" am 17. Jänner 1973 gegen die Montreal Canadiens in Höhe von 100 : 0 für das Team New York Rangers und anschließendem Winterwonderland Festival …. habe ich das Buch "NHL Weihnachtsbuch very fine good daying ewigi" geschrieben und dieses Buch ist im

internationalen Buchhandel erhältlich ....
ja ja NHL Eishockey und nature doing
macht ewig Spaß und auch NBA
Basketball und NFL American Football
und Fußballsport und Schifahren und
Tennis und Boccia .... sind schöne
Sportarten. Meine Heimat sind Schweiz,
Australien, Amerika, Asien und Afrika.
Happy time ever celebrating with joying.

Eis ist ewig und auch schönes Eishockey
spielen und NHL Eishockey spielen und
ewig genießen meine „Peter Oberfrank
NHL New York Rangers first NHL all
clubs playing trophy" und „ nhling big
heart icehockey NHL ever and nature
enjoying Stanley Cup Trophy ewigi" und
in der Natur sein .... NHL is happiness and
smiling and thinking and doing ever
NHLwording is ever good icehockey by
Peter Oberfrank – Hunziker and all NHL
clubs and very good Leistungstests and
also called power tests with beauty done
and everlasting and gooding .... NHL
icehockey is ever and means National
Hockey League.... and preentering is ever
(cinemaing) .... NHL is ever .... great is

also NHL „Haie sharky" tophy …......

Good sport and nature is ever and happy.

Happy nature time ever and I enjoy the nature.

Die NHL Geschichte ist lang, buntfarben und mit vielen Erinnerungen und auch ganz großen und kleinen herzlichen Erinnerungen. Der Sport ist vielfältig und auch mit Planung, Vorbereitung, Teambesprechung, Schiedsrichterbesprechung, Jurybesprechung, NHL council Besprechung, Zuschauerbesprechungen, Natur forschen, Natur schätzen, Natur dokumentieren und sich wieder freuen, Stadionbauten anschauen und bestaunen, Eisbegutachtungen, Wiesenbegutachtungen, Höhlenbegutachtungen, Höhlen wohnen, Gebäude anschauen und bewohnen, Lebensstatus bedenken, Zukunft planen und überlegen, gute Erinnerungen anschauen und pflegen, NHL Jeresys

genießen, schöne Kleidung, schöne
Sporttrainingskleidung, schöner
Eishockeysport, schöne Sportspiele …. und
auch die NHL Saisonen 2024 und 2088
werden wieder besonders für das New York
Rangers Team sein und für die gesamte
NHL und auch schöner ewiger NHL Sport
mit vielen Tun und auch Ruhe und
genießen und denken und arbeiten und
schreiben und lesen und basteln und
zeichnen und malen und technisieren und
schönen Sport machen und lachend
genießen und happy sein ….

Die NHL bedeutet guten und schönen
Sport zum selber machen und auch
anschauen, und die Natur ist wunderbar
und ewig schön und farbig.

Peter Oberfrank - Hunziker

…. ** ….

☺ …. ** …. ☺